かぎ針で
編む

季節の花の
かわいいざぶとん

竹内聡子

PHP

かぎ針で編む　季節の花のかわいいざぶとん

Contents 目次

Spring

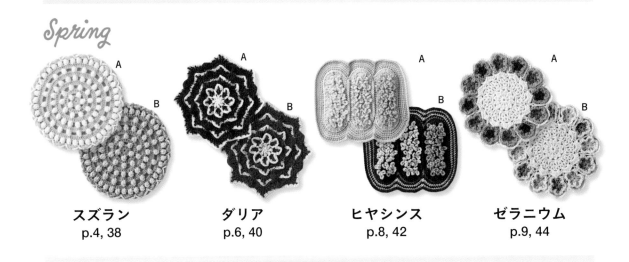

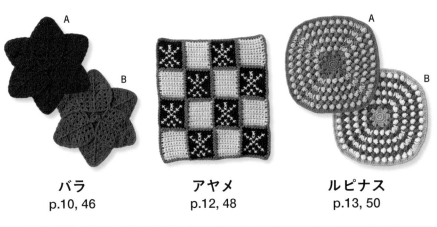

Summer

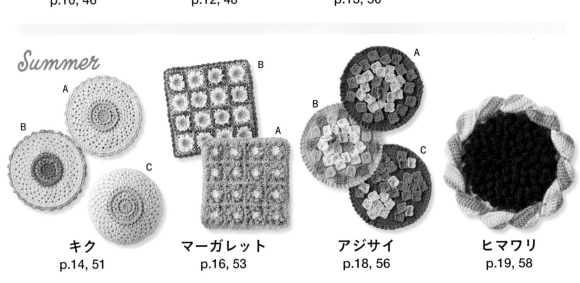

Autumn

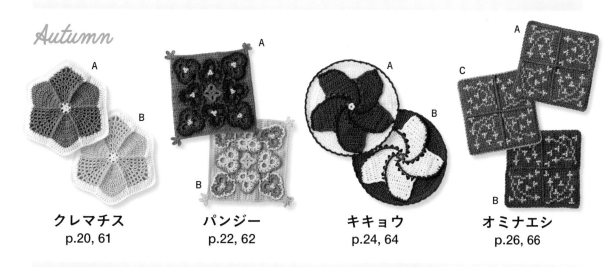

クレマチス
p.20, 61

パンジー
p.22, 62

キキョウ
p.24, 64

オミナエシ
p.26, 66

Winter

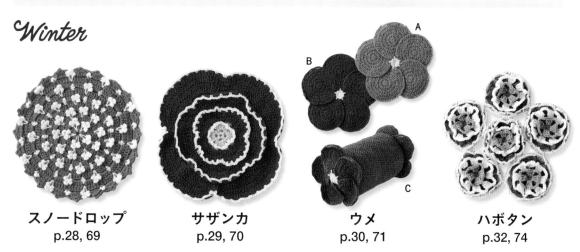

スノードロップ
p.28, 69

サザンカ
p.29, 70

ウメ
p.30, 71

ハボタン
p.32, 74

Message

かぎ針編みのステキなところは、どんな場所でも、少しの時間でも、気軽に編み物を楽しめることです。また、頭の中のアイデアをすぐに作品にできて、どんな形でも思い通りにできるのも魅力のひとつです。本書のざぶとんは、そんなかぎ針編みの楽しさが感じられるようにという想いを込めつつ、花のあるシーンを一つひとつイメージして季節ごとに仕上げています。とくに、力を入れたのは色合わせです。編みながら楽しい気持ちになるように、花の美しさを感じてもらえるようにと考えました。編み図との対話を楽しみながら、好きな色合わせを見つけて、たくさんの花ざぶとんを咲かせていただけたら嬉しいです。

Lana tre(ラナトレ) 竹内聡子

スズラン　how to make ▶ p.38

スズラン

A

Spring

[春]

B

ボリュームの出る長編み4目パプコーンのざぶとん。
繰り返しで編めるので、初心者の方にもおすすめ。

5

ダリア

how to make ▶ p.40

A

6

B

中心の長編みピコットで、花芯を表現しています。
2色づかいでまとめた、繊細で上品な一枚です。

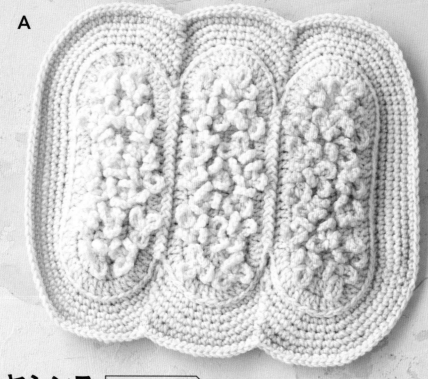

A

B

ヒヤシンス how to make ▶ p.42

ヒヤシンスを 3 本並べてデザイン。
やさしい色合いが、
どんなインテリアとも相性抜群です。

ゼラニウム

how to make ▶ p.44

ふっくらとしており、座り心地のいい一枚。
中央の円座に、小花を編みつないで作ります。

A

B

バラ　how to make ▶ p.46

A

B

3枚編みつないだものを2セット組み合わせています。
パッと目をひく、存在感のあるデザイン。

アヤメ

how to make ▶ p.48

モチーフつなぎのざぶとん。
無地と、刺しゅうした地を組み合わせて、
上品にまとめました。

ルピナス how to make ▶ p.50

カラフルカラーに、パプコーンが愛らしい印象。
同じ模様の繰り返しなので、編み進めやすいデザインです。

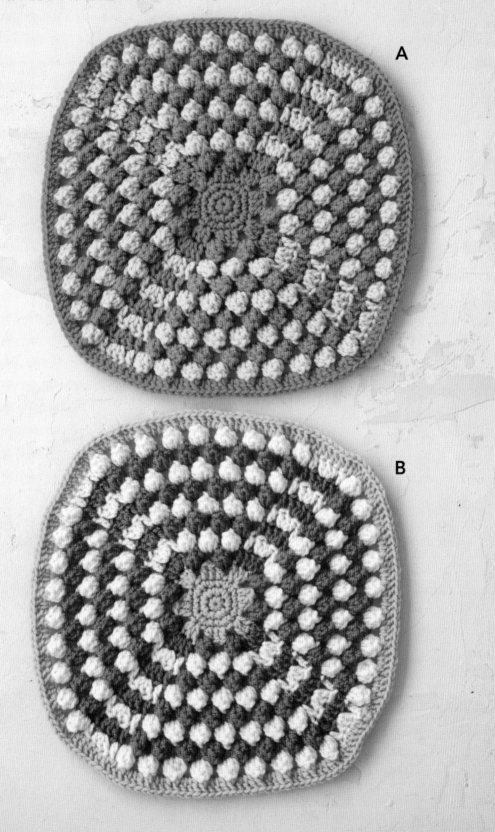

A

B

Summer

[夏]

キク how to make ▶ p.51

A

B

C

夏らしい爽やかな色味で、どんなテイストの
お部屋にもマッチします。
基本の形をベースに、綿を詰めてクッションにも。

マーガレット how to make ▶ p.53

小花のモチーフつなぎ。編み地の色を交互に変えています。
立体的になっているので、ふかふかしています。

A

B

A

アジサイ　how to make ▶ p.56

土台を編んで、その上に色とりどりのガクをつけています。
自分の好きな位置につけて、オリジナルを楽しんでも。

B

C

ヒマワリ how to make ▶ p.58

元気いっぱいのイメージのヒマワリは、
花びらを2色展開にして、大人っぽさを演出。

Autumn

[秋]

A

B

クレマチス　how to make ▶ p.61 ⟩

花びらの編み方 2 パターンを交互に配置して、
変化をつけています。

パンジー　how to make ▶ p.62

A

外側に広がるようにパンジーを並べています。
4すみの飾りは、縁と一緒に編んで仕上げます。

B

A

白と紫の大胆なカラーが目をひくデザイン。
花びらを編んでから、間のステッチをしています。

B

オミナエシ

how to make ▶ p.66

同じ刺しゅうしたものを4枚編んでつないでいます。
モチーフの並べ方を変えることで、
違ったデザインが楽しめます。

A

C

B

Winter
［冬］

スノードロップ

how to make ▶ p.69

白い花とガクが立ち上がるように編んで、
立体的に仕上げています。厚みがあるので、
後ろ側をつけなくても座り心地がいい一枚。

サザンカ how to make ▶ p.70

サザンカに雪が降り積もったところをイメージしてデザインしています。
花びらが重なって見えるように立体的に編みました。

A

ウメ　how to make ▶p.71

B

30

C

綿を詰めて、抱き枕にアレンジ。
和菓子の練り切りが発想の原点。
共有の丸型を編みつないで作ることができます。

ハボタン

how to make ▶ p.74

大中小の花びらを編みつないだものを
6個作って、組み合わせています。
どんなイスにも合う形です。

how to make

作り方

ざぶとんを編むための基本的な材料と、編み方です。
ざぶとんは、1枚だけ編めばよいもの、
パーツをいくつか作るものなど
バリエーションを揃えています。

かぎ針編みのきほん

本書で使用する材料や道具、よく出てくるテクニックを紹介します。
編みはじめる前に確認をしておきましょう。

■材料・道具

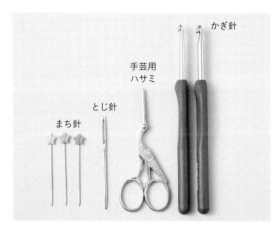

毛糸

本書ではすべて、アクリル100%のハマナカ®ボニーの毛糸を使っています。丸洗いできるのでお手入れも簡単です。

※毛糸が変わるとサイズが大きく変わります。お手持ちのメーカーのお好みの毛糸を使って編む場合は、同じ仕上がりサイズにはならないので、ご注意ください。

道具

（左から）まち針、とじ針、手芸用ハサミ、かぎ針7/0号、8/0号。かぎ針は、指定がない場合は7/0号を使用しています。

■きほんのテクニック

割り糸

毛糸をほぐして1本だけ引き抜き、残りの2本によりをかけ直して使用します。
表側と後ろ側を編みつなぐときなど、糸を目立たせたくないときにおすすめです。

1 糸端をほぐす。

2 1本だけつまみ、ほかの糸は下に順におくりながら取り出す。

引き抜いてとじる

2枚の編み地をつなぎたいときに使うテクニックです。

 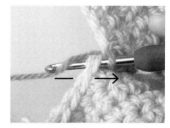 

1 編み地にかぎ針を入れ、かぎ針に糸をかけて引き抜く。

2 もう一方の編み地にかぎ針を入れ、かぎ針に糸をかけて引き抜く。

3 1、2を繰り返してとじる。

目をとなりにうつす

模様をつなぐときに目を移動させると、模様がきれいに仕上がります。

1 となりの目にかぎ針を入れて、かぎ針に糸をかけて引き抜く。

2 必要な目数を立ち上げる。

針を一度外して引き抜く

引き抜きをして編みつなぐときに使用します。
ゼラニウム（→p.44）、バラ（→p.46）、マーガレット（→p.53）などの作品で使っています。

1 かぎ針を目から一度外す。

2 次につなぐ編み地の、指定位置の目にかぎ針を入れる。

3 再度、外した目にかぎ針を戻し、目を引き出す。

 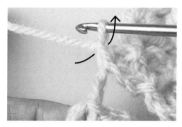

4 かぎ針に糸をかける。

5 糸を引き出す。

共通の後ろ側

ざぶとんに後ろ側をつけたいときなどに使う、基本的な編み図です。丸型、四角どちらも長編みです。使用する作品によって、サイズや段数、目数を変更して使用します。サイズが合わないときは、表側のサイズに合わせてかぎ針の号数を調整して、とじ針でとじてください。編みつなぐと目数が合わなくなるので注意しましょう。

丸型

全段 長編みで、最大で12段です。かぎ針7/0号で編みます。

増し目	目数	段
＋18	144	12
±0	126	11
＋18	126	10
±0	108	9
＋18	108	8
＋18	90	7
＋12	72	6
＋12	60	5
＋12	48	4
＋12	36	3
＋12	24	2
	12	1

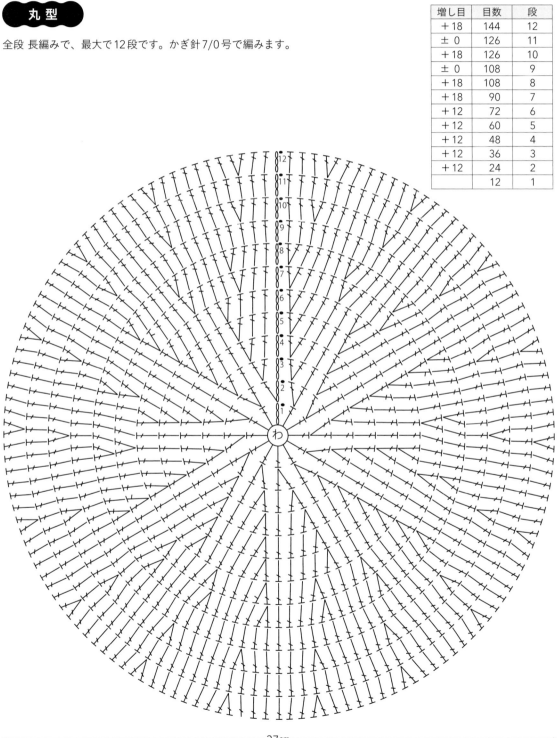

37cm

四角

全段 長編みで、最大で25段です。
指定がない限り、かぎ針8/0号でくさり作り目をし、7/0号で編みます。ゲージ 12目、6.5段。

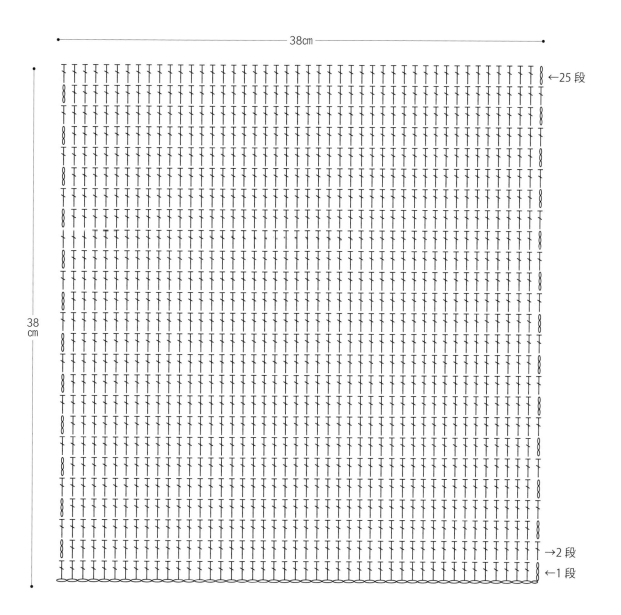

・縁編みするときは、作品により拾い方が異なります。立ち上がりのくさりまたは長編みの目をそれぞれ割って
（目の中に針を入れて）拾う方法と、束で編み目をそっくり拾う方法があります。
・2枚を編みとじるときの縁編みは、編み図に書いてある角の模様がずれないように注意してください。

スズラン photo ▶ p.4

〈用意するもの〉

・糸　ハマナカボニー（50g玉巻）
　　　A 白（401）…50g
　　　　ライムグリーン（495）…40g
　　　B ラベンダー（612）…50g
　　　　黄緑（476）…40g
・針　かぎ針7/0号、とじ針
・サイズ　直径33cm

〈編み方〉

※糸は1本どり。指定の色で編む。

1　二重の輪の作り目をする。

2　長編み4目のパプコーンまたは、長編みを1周編んだら、次の段の色に変えて引き抜き、編み進む。これを繰り返す。

3　最終段は、縁編みのレースを編む。

■後ろ側　1枚

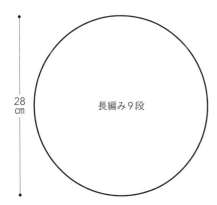

28 cm

長編み9段

本作品は厚みがあるので後ろ側はなし。
もしつける場合は、「共通の後ろ側　丸型（→p.36）」
を9段編み、割り糸（→p.34）で裏にとじつける。

■表側　1枚

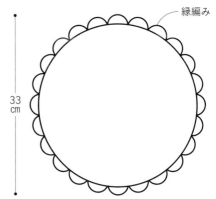

縁編み

33 cm

●色変えをしながら、パプコーンに針入れをする方法

パプコーンの頭に針を入れ、次に編む糸を引き抜く。

1 パプコーンを編んだらくさり編みをする。

2 次に編む糸を持ち、パプコーンの頭に針を入れる。

3 針に糸をかけ、引き抜く。

4 長編みを編む。

配色表

	A	B
パプコーン部分	白 (401)	ラベンダー (612)
長編み部分	ライムグリーン (495)	黄緑 (476)

5回繰り返す
3、5、7、9段の長編み
は束で拾う。12段の縁
編みは、10段目のくさ
りから束で拾う。

縁編み
長編み部分と同じ色で、くさり
編みと引き抜き編みで1周する
（11段目）。次に、先に編んだ
ところを前後交互に倒しなが
ら、パプコーン部分と同じ色で、
くさり編みと引き抜き編みをす
る（12段目）。こうすることで、
くさり編みの間に糸を通したよ
うな縁編みになる。

長編み4目パプコーン

長編み

△ 糸をつける
▲ 糸を切る

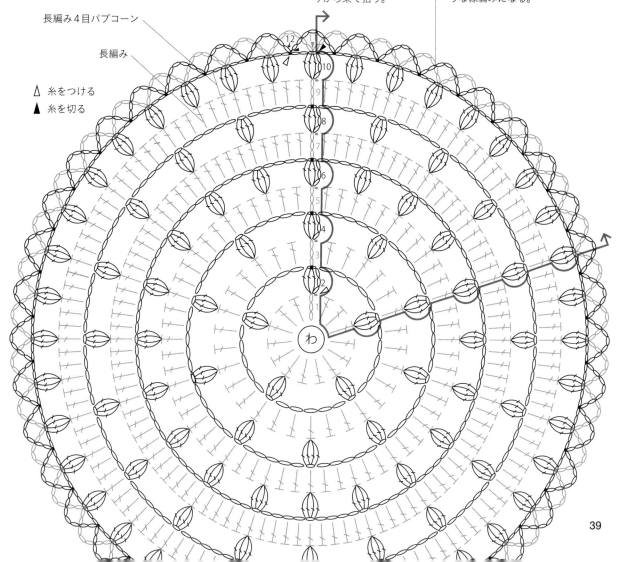

ダリア photo ▶ p.6

〈用意するもの〉

- 糸　ハマナカボニー (50g玉巻)
  A 赤紫 (499)…70g
  　 きなり (442)…30g
  B 赤 (404)…70g
  　 イエローベージュ (406)…30g
- 針　かぎ針7/0号、とじ針
- サイズ　直径35cm

〈編み方〉

※糸は1本どり。指定の色で編む。

1 縁と同じ色の糸で、二重の輪の作り目をする。長編みのピコットをしながら、花の中心を編む。

2 目の移動をするときに、強く引きすぎないように気をつけながら編み進める。くさり編みが後ろに隠れる段も、花が立体になるように強く編みすぎないようにする。

3 縁の糸は毎段切る。

■後ろ側　1枚

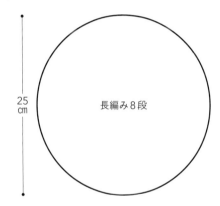

長編み8段

25cm

本作品は厚みがあるので後ろ側はなし。
もしつける場合は、「共通の後ろ側 丸型 (→p.36)」を8段編み、表側の中央に合うように裏側同士を重ねて、花と同じ色の割り糸 (→p.34) で裏にとじつける。

■表側　1枚

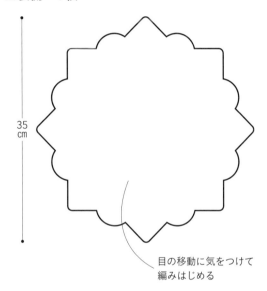

35cm

目の移動に気をつけて編みはじめる

配色表

	A	B
花	赤紫 (499)	赤 (404)
縁	きなり (442)	イエローベージュ (406)

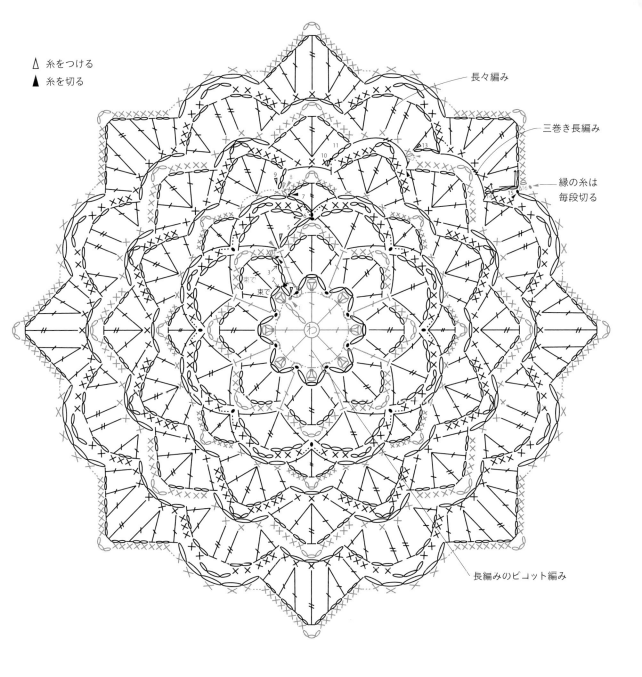

△ 糸をつける
▲ 糸を切る

長々編み

三巻き長編み

縁の糸は
毎段切る

長編みのピコット編み

●長編みピコットの編み方

長編みの頭に
ピコットを編
み入れる

1 長編みを編む。

2 長編みの頭と足に針を割
り入れて、針に糸をかけ
て一度に引き抜く。

3 できあがり。

ヒヤシンス photo ▶ p.8

〈用意するもの〉

- 糸　ハマナカボニー（50g玉巻）
　　　A 水色（439）…150g
　　　　 ペパーミントグリーン（407）・
　　　　 イエローベージュ（406）・
　　　　 クリーム（478）…各30g
　　　B 群青（473）…150g
　　　　 ピンクオレンジ（605）・
　　　　 アクアブルー（609・
　　　　 ピンク（465）…各30g
　　　　 割り系（→p.34）…適量
- 針　かぎ針7/0号・8/0号
　　　とじ針、まち針
- サイズ　縦35cm×横40cm

〈編み方〉

※糸は1本どり。指定の色で編む。

1 表と後ろの中央2枚は、かぎ針8/0号でくさり作り目をしたら、7/0号に変えて裏こぶと上側1本を拾って編む。1周する反対側は、残った1本を拾う。

2 1枚目を完成させたら、2枚目と3枚目は編みつなぐ（→p.42下）。

3 後ろ側になる2の周囲は、減らし目に注意しつつ縁編みをする（→p.43上）。

4 表側花は、花をとめる糸の色を変えるので、糸始末をする（→p.43中）。

5 表側になる2の中央に、4をとめる（→p.43下）。

6 後ろ側になる3の上に5を重ね、同じ色の割り糸（→p.34）で縫いつける。

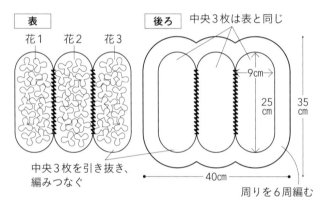

表　花1　花2　花3

後ろ　中央3枚は表と同じ

中央3枚を引き抜き、編みつなぐ

9cm　25cm　35cm　40cm

周りを6周編む

配色表（中央、花）

	A	B
中央（前・後ろ）	水色（439）	群青（473）
花1	ペパーミントグリーン（407）	ピンク（465）
花2	クリーム（478）	アクアブルー（609）
花3	イエローベージュ（406）	ピンクオレンジ（605）

■表側中央　1枚

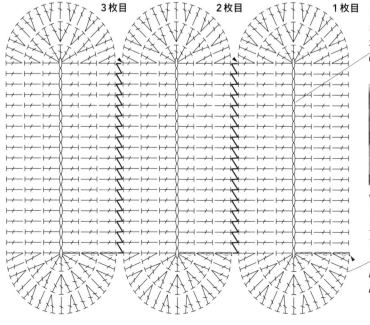

3枚目　2枚目　1枚目

くさり編みの作り目から裏こぶと上側1本を拾って19目まで編む。反対側は残りの一本を拾って輪に編み、スタート1目に戻る。

●周囲の細編み1段目
　のVの部分の針入れ（→p.43）

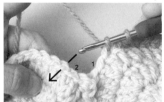

Vの部分を編むときは、2目飛ばす。

立ち上がり目直前の増し目は1周編んで引き抜いた目で増やす。

△ 糸をつける
▲ 糸を切る

■後ろ側の中央　1枚

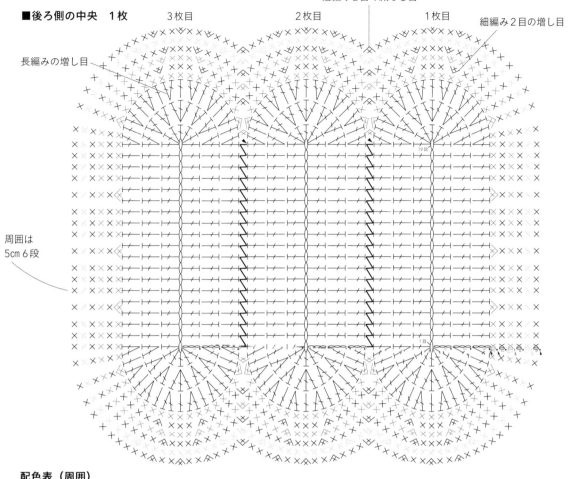

細編み2目の減らし目

細編み2目の増し目

長編みの増し目

3枚目　　　　2枚目　　　　1枚目

19目

1目

周囲は
5cm 6段

配色表（周囲）

段	A	B
1	クリーム（478）	ピンクオレンジ（605）
3	ペパーミントグリーン（407）	アクアブルー（609）
5	イエローベージュ（406）	ピンク（465）

※2段目、4段目、6段目は中央と同じ

■表側の花　各17枚×3セット

表側中央のモチーフに、指定
色の糸で花を縫いとめる。

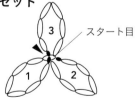

スタート目

配色表（花をとめる色）

	A	B
花1	クリーム（478）	アクアブルー（609）
花2	イエローベージュ（406）	ピンクオレンジ（605）
花3	ペパーミントグリーン（407）	ピンク（465）

●まとめ方

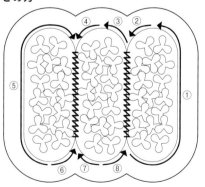

花をつけた表側中央を、縁編みをした後ろ側中央の
上に重ね、割り糸（→p.34）で周りを1周縫いとめる。
一気に縫わず、半円の中央に印をつけ、何回かにわ
けて縫うとずれにくい。

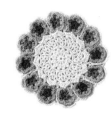

ゼラニウム

photo ▶ p.9

〈用意するもの〉

- 糸　ハマナカボニー（50g玉巻）
  A 群青（473）・
  　クリーム（478）・
  　チェリーピンク（604）…各90g
  　ライトブルー（472）・
  　ピンクオレンジ（605）…各180g
  B アクアブルー（609）・
  　薄紫（496）・
  　ペパーミントグリーン（407）…各90g
  　水色（439）・ラベンダー（612）
  　…各180g
- 針　かぎ針7/0号、とじ針、まち針
- サイズ　直径37cm

〈編み方〉

※糸は1本どり。指定の色で編む。

1 花を各色6枚（計12枚）編む。

2 中央を2枚編む。1枚目は7段目まで編んだら糸を切り、糸始末をする。こちらが後ろ側になる。

3 2枚目は6段目まで編んだら、1の花を色が交互になるように7段目で編みつなぎ、糸を切る。こちらが表側になる。

4 2を外表にし、3の裏に重ねる。

5 指定の位置から花の周りの1段目を編みつつ、重ねた中心ととなりの花同士を編みつなげる（くさり編みと引き抜き編みで1周する）。

6 花の周り2段目を編む。

■花　各6枚×2セット

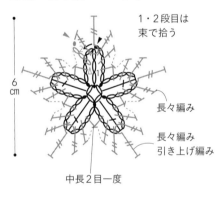

1・2段目は
束で拾う

6cm

長々編み

長々編み
引き上げ編み

中長2目一度

配色表

		A		B
花1	1段目	群青（473）	1段目	アクアブルー（609）
	2段目	ライトブルー（472）	2段目	水色（439）
花2	1段目	チェリーピンク（604）	1段目	薄紫（496）
	2段目	ピンクオレンジ（605）	2段目	ラベンダー（612）

■中央（表側・後ろ側）　2枚

表側の中央

中央
27cm

後ろ側の中央

中央
27cm

中央のみ

中央の周りに
花をつける

配色表

A	B
クリーム（478）	ペパーミントグリーン（407）

※表側と後ろ側をまとめるときも、同じ色を使用

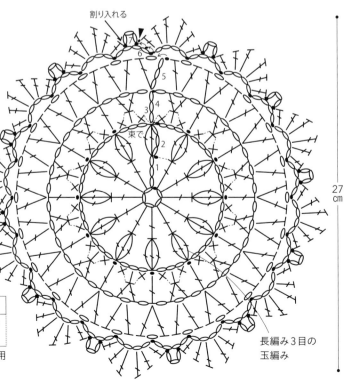

割り入れる

束で

長編み3目の
玉編み

27cm

● まとめ方

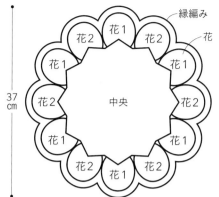

縁編み
花1
花2
花
花1
花2
中央
花1
花2
花1
花1
花2
花1
花2
37cm

1 後ろ側の中央を外表にし、花をつけた表側中央の裏に重ねる。

2 くさり編みと引き抜き編みで1周する。こうすることで、となり同士の花もつなげながら、重ねた中心も編みつなぐことができる。

3 花の周り2段目を縁編みする。

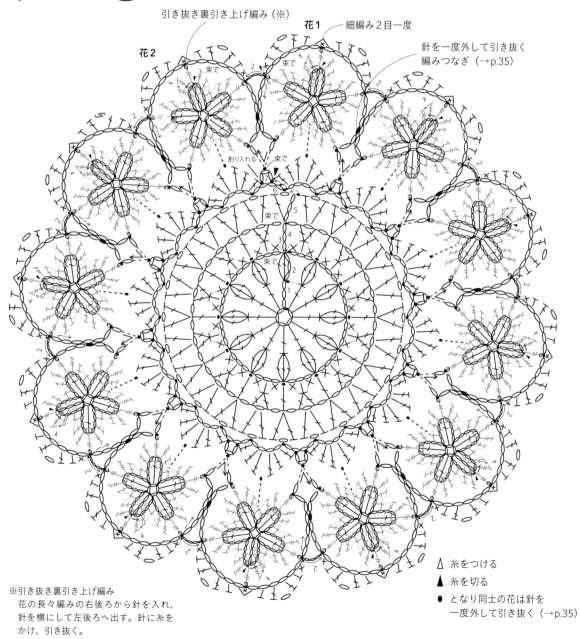

引き抜き裏引き上げ編み（※）
花2
花1
細編み2目一度
針を一度外して引き抜く
編みつなぎ（→p.35）
割り入れる
束で

※引き抜き裏引き上げ編み
花の長々編みの右後ろから針を入れ、
針を横にして左後ろへ出す。針に糸を
かけ、引き抜く。

△ 糸をつける
▲ 糸を切る
● となり同士の花は針を
一度外して引き抜く（→p.35）

バラ photo▶p.10

〈用意するもの〉

・糸　ハマナカボニー(50g玉巻)
　　　A えんじ(450)…100g
　　　B 青(462)…100g
　　　割り糸(→p.34)…適量
・針　かぎ針8/0号、とじ針、まち針
・サイズ　縦42cm×横38cm

〈編み方〉

※糸は1本どり。指定の色で編む。

1 「花びらを3枚つないだもの」の1セット目1枚目を編む。続けて2枚目と3枚目をつなげながら編み、最後に縁編みする。

2 同様に「花びらを3枚つないだもの」をもう1セット作る。

3 中心を2枚編み、1と2の真ん中にそれぞれ編みつなげる。

4 3の2セットを、花びらと同じ色の割り糸(→p.34)で表側を手前にしてとじる。

■花びらを3枚つないだもの×2セット

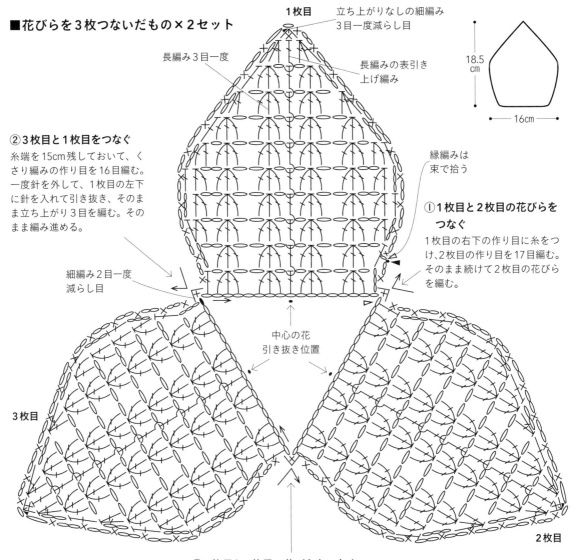

②3枚目と1枚目をつなぐ

糸端を15cm残しておいて、くさり編みの作り目を16目編む。一度針を外して、1枚目の左下に針を入れて引き抜き、そのまま立ち上がり3目を編む。そのまま編み進める。

細編み2目一度減らし目

長編み3目一度

1枚目

立ち上がりなしの細編み3目一度減らし目

長編みの表引き上げ編み

縁編みは束で拾う

①1枚目と2枚目の花びらをつなぐ

1枚目の右下の作り目に糸をつけ、2枚目の作り目を17目編む。そのまま続けて2枚目の花びらを編む。

中心の花引き抜き位置

3枚目

2枚目

③2枚目と3枚目の花びらをつなぐ

3枚目を編み終えたら、残しておいた糸端15cmにとじ針を通し、2枚目の花びら右下にとじつける。花びら3枚が丸くつながった。

④周りを縁編みする

花びらがつながったら、周りを縁編みする。

△ 糸をつける
▲ 糸を切る

18.5cm

16cm

■中心　2枚

中心2枚を編んだら「花びらを3枚つないだもの」の真ん中に置き、それぞれ編みつなげる。

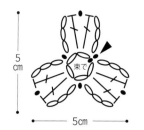

● 長編み2目の間は針を一度外し、花びらに針を入れて引き抜く（→p.35）

●まとめ方

1　「花びらを3枚つないだもの」2セットを表側を上にして、図のように重ねる。

2　花びらと同じ色の割り糸（→p.34）で、番号順に1周とじつける。

①、③、⑤は表側を見ながらすくいとじ、②、④、⑥は裏に返してすくいとじをする。

※ 表裏地にとじ糸が出ないように、編み地の厚さ半分くらいをすくってとじつける。

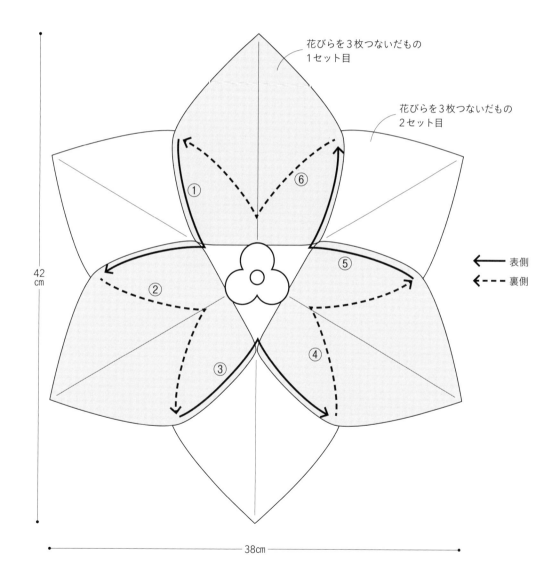

花びらを3枚つないだもの
1セット目

花びらを3枚つないだもの
2セット目

←──── 表側

←------ 裏側

アヤメ photo ▶ p.12

〈用意するもの〉

- 糸　ハマナカボニー（50g玉巻）
  なす紺（611）…160g
  ラベンダー（612）…50g
  緑（426）…25g
- 針　かぎ針8/0号、とじ針
- サイズ　38cm角
- ゲージ　細編み　8/0号　10.5目　12.5段

〈編み方〉

※糸は1本どり。指定の色で編む。

1 表側の 四角のモチーフを各8枚（計16枚）編む。
2 同色の四角8枚に刺しゅうをする。
3 モチーフ同士を引き抜き編みで、順番に編みつなぐ。
4 編み図にそって、後ろ側を長編みで編む。
5 2と4を外表に重ね、表側の刺しゅうを手前にして編みとじる。

■後ろ側　1枚

「共通の後ろ側　四角（→p.37）」を
25段編む。

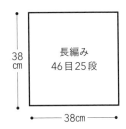

配色表

刺しゅう モチーフ	地	なす紺（611）
	刺しゅう	ラベンダー（612）
無地モチーフ		ラベンダー（612）
引き抜き編み		緑（426）

■表側　刺しゅうモチーフ、無地モチーフ各8枚（計16枚）

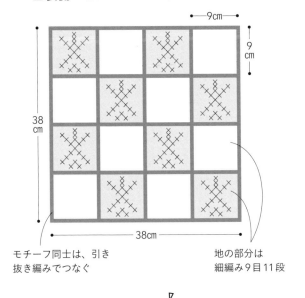

モチーフ同士は、引き
抜き編みでつなぐ

地の部分は
細編み9目11段

●モチーフ同士を引き抜き編みでつなぐ方法

モチーフ編みの段と段、目と目を引き抜きはぎをする。
段と段は、立ち上がりのくさりと、細編みを束で拾う。
目と目は、作り目のくさりと、細編みの頭を拾う。

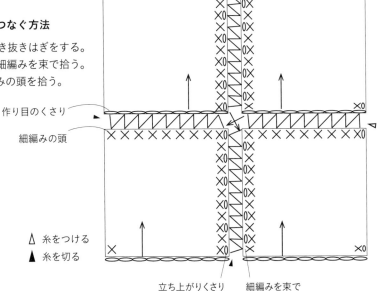

作り目のくさり

細編みの頭

△ 糸をつける
▲ 糸を切る

立ち上がりくさり　細編みを束で

●刺しゅうの刺し方

編み地にクロスステッチで刺しゅうする。

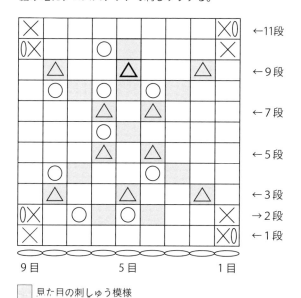

9目　　5目　　1目

- ▨　昼た月の刺しゅう模様
- △　実際に刺している表目段の刺しゅう位置（奇数段）
- （△は起点となる）
- ○　実際に刺している裏目段の刺しゅう位置（偶数段）

●クロスステッチの刺し方例

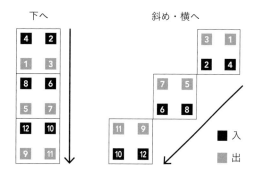

- ・細編み地は、編み図ではまっすぐ上に乗っているが、実物は目と目とがずれて重なっているので注意する。
- ・クロスステッチをするときに、段数を数えながら刺すと間違えやすいので、編み図に印をし、そこを起点（太線の三角形）に見た目の図にそって刺しゅうする。

●後ろ側と表側を編みとじる

2枚の編み地を外表で重ねる。刺しゅう表地を手前にし、細編みで編みとじる。

編みつないだ表地・細編みからの拾い方

上下ともに全目（36目）を拾う。左右ともに44段から46目拾う。上下モチーフのみ、くさり編みの作り目も1目拾う。細編み立ち上がりがあるほうは、立ち上がりを束に拾う。

「共通の後ろ側 四角（長編み）」からの拾い方

上下ともに46目から、36目を拾う。左右とも25段から46目を拾う。立ち上がりくさり編み目、長編みともに束で拾う。6、11、16、21段目から1目を拾う。そのほかの段からは、2目拾う（全46目）。

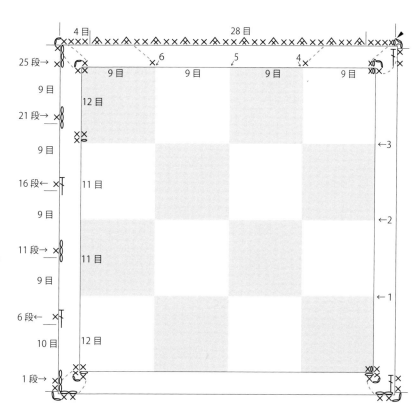

49

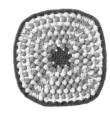

ルピナス　photo ▶ p.13

〈用意するもの〉

- 糸　ハマナカボニー（50g玉巻）
  A ライトグリーン（427）…40g
  　スカイブルー（471）…60g
  　ショッキングピンク（468）…50g
  B 黄緑（476）…40g
  　クリーム（478）…60g
  　チェリーピンク（604）…50g
- 針　かぎ針7/0号、とじ針
- サイズ　36cm角

〈編み方〉

※糸は1本どり。指定の色で編む。

1. 縁と同じ色の糸で二重の輪の作り目をし、細編み8目を編む。
2. 配色表と編み図を参考に、編み進める。色を変えるときは、次に編む色で最後の引き抜きをする。
3. 編み終えたら、糸始末をする。

■表側　1枚

※後ろ側はなし

36cm × 36cm

配色表

段	A	B
1〜4、13	ライトグリーン（427）	黄緑（476）
6・8・10・12	スカイブルー（471）	クリーム（478）
5・7・9・11	ショッキングピンク（468）	チェリーピンク（604）

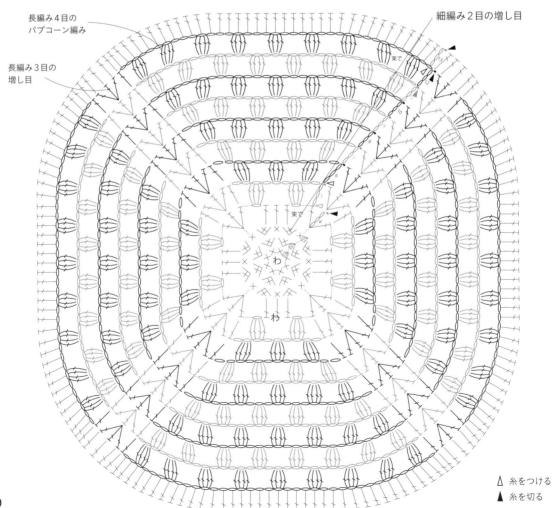

長編み4目の
パプコーン編み

長編み3目の
増し目

細編み2目の増し目

△ 糸をつける
▲ 糸を切る

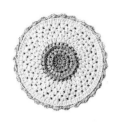

キク

photo ▶ p.14

〈用意するもの〉

・糸　ハマナカボニー (50g玉巻)

　　　A 淡ピンク (405)…130g

　　　　若草 (492)…30g

　　　B レモン (432)…130g

　　　　抹茶 (493)…30g

　　　C 淡ピンク (405)…130g

　　　　若草 (492)…90g

　　　　割り糸 (→p.34)…適量

・針　かぎ針7/0号・8/0号、とじ針

・サイズ　A、B 直径35cm

　　　　　C　　表側　直径30cm、後ろ側　直径31cm

※Cは綿120g

〈編み方〉

※糸は1本どり、2本どり。指定の色で編む。

1 配色表を参考に、色と号数を変えながら編む。

2 7段目を編み終えたら、492または493の糸を切る。

3 8段目から13段目は、同色2本引き揃えで編む。

4 14段目のすじ編みのために、とじ針で1目作るとめをする。

5 14段目のくさり立ち上がりは、向こう側一本を拾ってすじ編みにする。

※4以降はA、Bの編み方。Cについてはp.52参照。

A・B

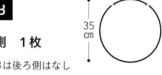

■表側　1枚

※A、Bは後ろ側はなし

14段目のすじ編みのために、13段目で1目作るとめをする（立ち上がりくさりではなく、その次の中長編みに針を入れて、最後に編んだ中長編みにもう一度とじ針を入れる。くさり目の上に、1目チェーンが乗る）。

段	かぎ針	本数	A・C	B
1〜3	7/0	1本	492	493
4・5	8/0	2本	492・405	493・432
6	7/0	1本	492	493
7	8/0	2本	492・405	493・432
8〜13	8/0	2本引き揃え	405	432
14	8/0	2本	492・405	493・432

※Cの後ろ側は492

4〜7段は、色と本数が変わるので、糸を切りながら進めると編みやすい。

ここにとじ針を入れる

△ 糸をつける

▲ 糸を切る

↩ 目をとなりにうつす（p.35）

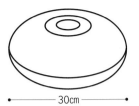

C

表側と後ろ側を外表
に合わせたら中に綿
を入れ、長編みのす
じ編みでつなぐ。

←30cm→

〈編み方〉

1 A・B同様に**3**まで編んだら（→p.51）、405と492
の2本引き揃えで、長編みのすじ編みを全目する。

2 後ろ側を編む。

3 492でとじ用の割り糸（→p.34）を約3m作り、目
数調整をしながら表側と後ろ側を巻きとじる。

4 残り15cmくらいになったら綿を詰め、最後まで巻
きとじをする。

■後ろ側　1枚

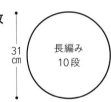

31cm｜ 長編み
10段

「共通の後ろ側　丸型（→p.36）」
を10段編み、割り糸（→p.34）
で表側に編みとじる。

●巻きとじの仕方

後ろ側を126目→112目に減らしながら、表地の
長編みと、半目同士を巻きとじする。
8目ごと1目を14回飛ばしながらとじる。

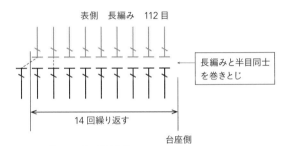

表側　長編み　112目

長編みと半目同士
を巻きとじ

14回繰り返す

台座側

126目→112目に減らし目。
目を飛ばしながら、表側と同じ色で巻きとじ。

中長2目一度編み

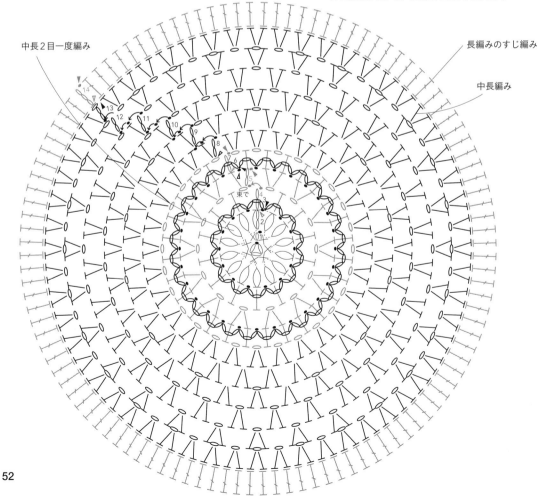

長編みのすじ編み

中長編み

マーガレット photo ▶ p.16

photo ▶ p.16

〈用意するもの〉

糸　　　ハマナカボニー（50g玉巻）
　　　　A 白（401）…30g
　　　　　ピンク（465）…70g
　　　　　ライムグリーン（495）…40g
　　　　　ラベンダー（612）…160g
　　　　B やまぶき（433）…30g
　　　　　白（401）…70g
　　　　　アクアブルー（609）…40g
　　　　　抹茶（493）…160g
・針　　　かぎ針7/0号・8/0号、とじ針
・サイズ　39cm角

配色表

A	B
ラベンダー（612）	抹茶（493）

〈編み方〉

※糸は1本どり。指定の色で編む。

1　表側を編む（→p.54）。まず、花の3段目まで16個編み、糸始末をする。

2　花を⑦モチーフから順番に、4段目を編みながら16個を編みつなげていく。

3　後ろ側を編む。編み終えたら、細編みで目数調整の縁編みをする。

4　表側と後ろ側を、レース編みをしながら2枚を編みとじる。

■後ろ側　1枚

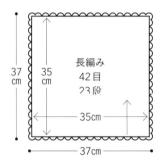

長編み
42目
23段

35cm

37cm

35
cm

37
cm

「共通の後ろ側　四角（→p.37）」。8/0号でくさり作り目を42目し、7/0号で長編みを23段編む。細編みで、目数調整のための縁編みをする。

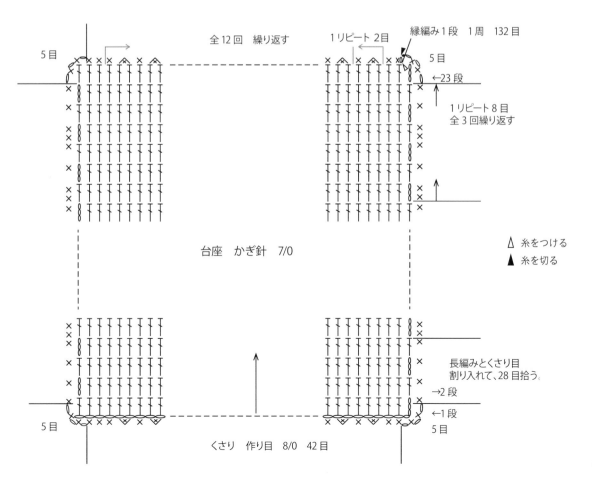

5目

全12回　繰り返す

1リピート2目

縁編み1段　1周　132目

5目

←23段

1リピート8目
全3回繰り返す

台座　かぎ針　7/0

△ 糸をつける
▲ 糸を切る

長編みとくさり目
割り入れて、28目拾う
→2段
←1段

5目

5目

くさり　作り目　8/0　42目

■**表側** 花16枚を編みつなぐ。

p.54の下の配置場所によって、⑦、⑦のように周りの編み方が異なる。
また、地の色（4段目）は、⑦か⑦かによって異なる。

⑦（先に角だけ編みつなぐタイプ）　⑦（引き抜き編みで全体を編みつなぐタイプ）

●花のつなぎ方

モチーフ角のくさり5目中心は、目から針を外して引き抜く。（→p.55）

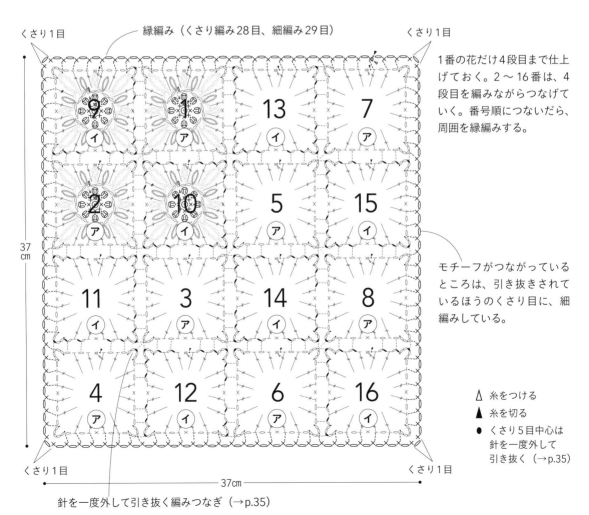

くさり1目　　縁編み（くさり編み28目、細編み29目）　　くさり1目

1番の花だけ4段目まで仕上げておく。2～16番は、4段目を編みながらつなげていく。番号順につないだら、周囲を縁編みする。

モチーフがつながっているところは、引き抜きされているほうのくさり目に、細編みしている。

37cm

37cm

くさり1目　　　　　　　　　　くさり1目

△ 糸をつける
▲ 糸を切る
● くさり5目中心は
針を一度外して
引き抜く（→p.35）

針を一度外して引き抜く編みつなぎ（→p.35）

●花のつなぎ方

目から針を外して、引き抜きしながらモチーフをつなぐ。

〈例〉

③	①
②	④

4枚をつなぐ場合

大きい番号のモチーフで、小さい番号のモチーフのくさりを引き抜く。一番小さい番号のモチーフがくさり目のままになる。

1 ①を編む。②のくさり2目を編んだら針を外し、①の角のくさり3目め中心に入れる。

2 ②の糸を引き出しくさり編み3目を編む。

3 最後まで編んで糸を切る。①と②がつながった。

4 ③を編んだら、1～3同様にする。

5 針を外し、①と同じところに針を入れ、④の花を編む。

6 ④も同様に引き抜いて①と同じところに針を入れ、モチーフをつなぐ。

7 できあがり。

●裏側に表側を編みとじる

細編み2目一度の減らし目

台座　裏側

編みとじる　縁編み

表側の表が手前になるよう置き、後ろ側の裏と重ねて2枚を編みとじる。2枚の4すみが、ずれないように気をつける。

39cm

A・B 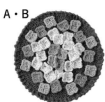 C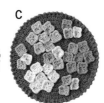

アジサイ photo ▶ p.18

〈用意するもの〉

- 糸　ハマナカボニー(50g玉巻)
  - A ライトブルー(472)・濃ピンク(474)…各20g
  - ラベンダー(612)…32g
  - 緑(426)…100g
  - B アクアブルー(609)・ピンクオレンジ(605)…各20g
  - 淡ピンク(405)…32g
  - 若草(492)…100g
  - C ライトブルー(472)・濃ピンク(474)・ラベンダー(612)…各22g
  - 緑(426)…100g
- 針　かぎ針7/0号、とじ針
- サイズ　直径38㎝

〈編み方〉

※糸は1本どり。指定の色で編む。

1　土台を編む。二重の輪の作り目をし、立ち上がり目と長編み11目を編む。

2　花を指定の枚数を編む。

3　花を土台にとじつける。

■土台　1枚

長編み11段

12段目
フリル

38㎝

1目から3目を編み出す
長編みの増し目

「共通の後ろ側　丸型（→p.36）」を11段まで編む。12段目のフリルは、11段目の長編みを1目飛ばしつつ、長編み1目から、長編み3目とくさり編み3目のフリルを編む。1周63模様。

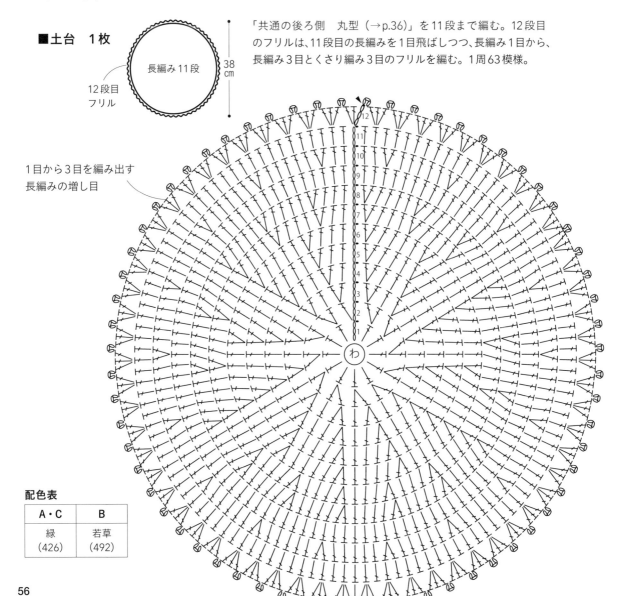

配色表

	A・C	B
	緑(426)	若草(492)

■花　A・B 36枚　C 33枚

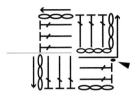

くさり作り目
スタート3目は裏こぶで、
ほか長編みは束で拾う。

花をつけるために、作
り目のときに糸端を約
20cm残す。

●まとめ方

A・B

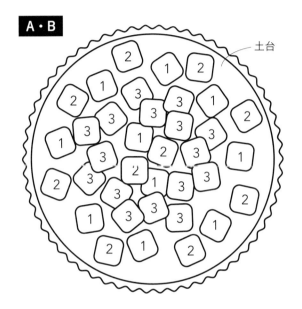

土台

A・Bの配色表

	A	B
1の花	ライトブルー (472)	アクアブルー (609)
2の花	濃ピンク (474)	ピンクオレンジ (605)
3の花	ラベンダ (612)	淡ピンク (405)

1の花を10枚、2の花を10枚、3の花を16枚
編み、図のように土台につける。

C

Cの配色表

1の花	ライトブルー (472)
2の花	濃ピンク (474)
3の花	ラベンダー (612)

1、2、3の花を各11枚編み、図のように土台
につける。

●モチーフをつける方法

花の作り目のときに残しておいた糸端で、土
台に花をつける。表に響かないように、編み
地の厚みの半分を拾う。

ヒマワリ photo ▶ p.19

〈用意するもの〉

- 糸　ハマナカボニー（50g玉巻）
　こげ茶（419）…100g
　レモン（432）・
　からし（491）…各50g
　割り糸（→p.34）…適量
- 針　かぎ針7/0号、とじ針
- サイズ　直径34cm

〈編み方〉

※糸は1本どり。指定の色で編む。

1 花を輪にとじるための糸端を15cm残して、1枚目の花びらのくさり作り目をする。1段目は裏こぶと上側1本を拾う（12枚共通）。12枚をつなげて編んだら輪にとじて、各花びらの先を指定位置にとめる（→p.59）。

2 編み図のように中心を編み、糸始末をする（→p.60）。

3 後ろ側を7段目まで編んだら、編みつなぐため糸を切らずに休ませておく（→p.58）。

4 **3**の裏を上にしたら**1**を乗せ、後ろ側と同じ色の割り糸（→p.34）でとめる。

5 **4**の上に**2**を乗せる。休ませていた後ろ側の糸で、2枚を編みとじる（編み図の★の位置）。

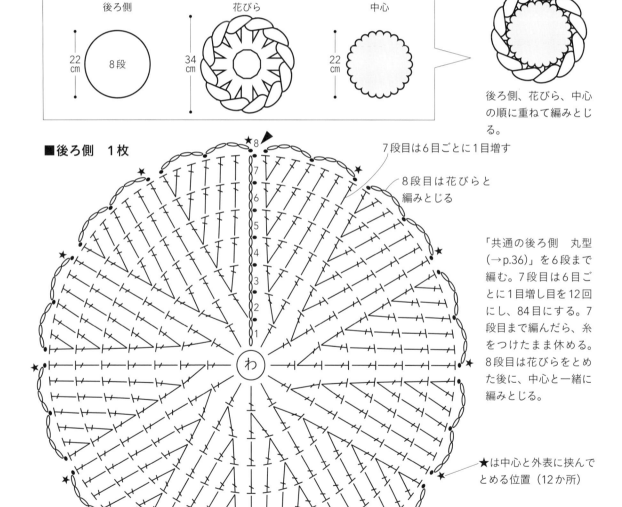

後ろ側　　花びら　　中心

22 cm　8段　　34 cm　　22 cm

後ろ側、花びら、中心の順に重ねて編みとじる。

■後ろ側　1枚

7段目は6目ごとに1目増す

8段目は花びらと編みとじる

わ

「共通の後ろ側　丸型（→p.36）」を6段まで編む。7段目は6目ごとに1目増し目を12回にし、84目にする。7段目まで編んだら、糸をつけたまま休める。8段目は花びらをとめた後に、中心と一緒に編みとじる。

★は中心と外表に挟んでとめる位置（12か所）

■花びら　1枚

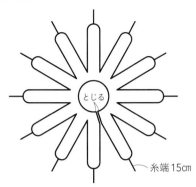

花端15cm

花びらの糸端は15cm残しつつ、12枚をつなげて編む。すべて編んだら輪の状態にし、残しておいた糸でとじる。

花びら1枚に2色使用。花びらによって、細い部分と太い部分の色が交互になるように編む。

●花びらのまとめ方

1 15cm残した糸端にとじ針を通し、となりの花びらの10目めにとめつけて花びらを丸くする。

2 12枚すべての花びらを丸くとめつける。

配色表

——	からし (491)
——	レモン (432)

△ 糸をつける
▲ 糸を切る

3枚目

くさり作り目22目

2枚目

くさり作り目22目

10目 花びら同士を止める位置

花びらの先をとなりの花びらにとめるための糸端15cmを残して糸を切る。12枚共通。

1枚目

くさり作り目26目

2-12枚目

1枚目

●花びら1段目の拾い方と、花びらの間の針入れ

花びらと花びらの間を編むときは、裏こぶとくさりの上1本を拾う。そうしないと、花びらが裏返るので注意。

針入れの場所

■中心　1枚　　くさり編みと長編み3目一度で縁編みを編む。

★は後ろ側と外表に挟んで
とめる位置（12か所）

ポップルの中に
針を入れて編む

▲ 糸を切る

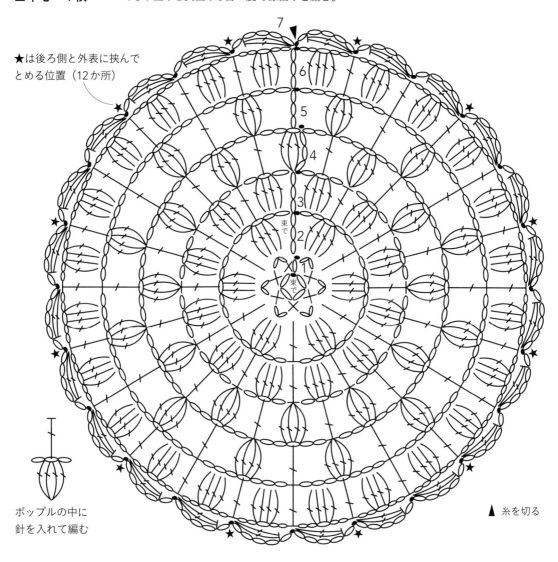

●まとめ方

1 後ろ側の裏を上にし、花びらを重ねる。後ろ
側（→p.58）の編み図の8段目の通り、花び
らのまとめ方（→p.59）でまとめた花に中心を
かさねる。

2 ★の位置に合わせて後ろ側（→p.58）の編み
図の8段の通り、くさり編みと引き抜き目で
2枚一緒に編みとじる。

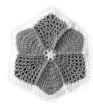

クレマチス photo ▶ p.20

〈用意するもの〉

- 糸　ハマナカボニー（50g玉巻）
  - A きなり（442）…30g
  - 濃ピンク（474）…100g
  - B きなり（442）…30g
  - アクアブルー（609）…100g
- 針　かぎ針8/0号、とじ針
- サイズ　直径41cm

〈編み方〉

※糸は1本どり。指定の色で編む。

1 中心小花は編んだら糸を切り、糸始末をする。

2 中心小花に指定色糸をつけて花びらを編んだら糸を切り、糸始末をする。同じものを2枚編む。

3 同じ模様が重なるように、2を外表に重ねる。

4 縁編みをしながら、編みとじる。まず、1段目で2枚を編みとじ、糸を切る。

5 指定位置に糸をつけて、もう1段縁編みをする。

■中心小花をつけた花びら　2枚

配色表

	A	B
中心小花	きなり（442）	きなり（442）
花びら	濃ピンク（474）	アクアブルー（609）
縁編み	きなり（442）	きなり（442）

中心小花をから編み進めた花びらを2枚編む。同じ模様が重なるように、裏同士を合わせ、縁編みで編みとじる。

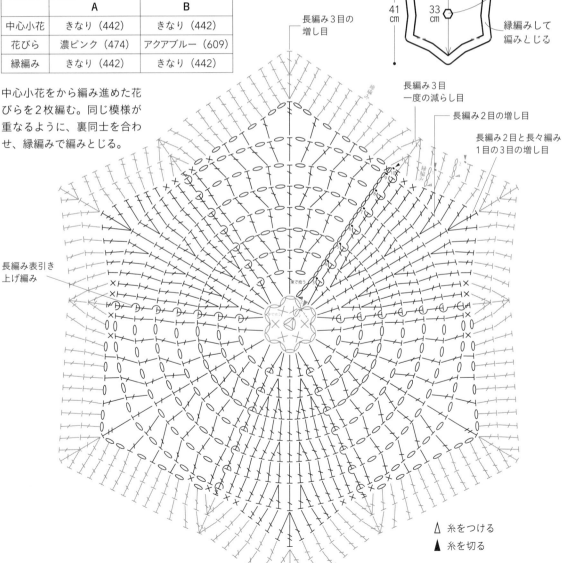

長編み3目の増し目

長編み3目一度の減らし目

長編み2目の増し目

長編み2目と長々編み1目の3目の増し目

長編み表引き上げ編み

花びら
中心小花
縁編みして編みとじる

41cm
33cm

△ 糸をつける
▲ 糸を切る

パンジー photo ▶ p.22

〈用意するもの〉

- 糸　ハマナカボニー（50g玉巻）
  A ライトグリーン（427）…120g
  　レモン（432）…16g
  　赤紫（499）・紫（437）…各40g
  B アイスグリーン（607）…120g
  　レモン（432）…16g
  　イエローベージュ（406）・
  　オレンジ（434）…各40g
  　割り糸（→p.34）…適量
- 針　かぎ針7/0号・8/0号、とじ針、まち針
- サイズ　38cm角

〈編み方〉

※糸は1本どり。指定の色で編む。

1 花の配色違い（1の花、2の花）を、3段目まで各4枚編む。
2 花の4段目を編みながら、p.63「配置」の指定番号順に花を編みつないでいく。
3 花が8枚すべてつながったら中央を編み、2に編みつなぐ。
4 後ろ側を編む。周りは縁編みをし、角に来たらくさり編みで飾りを編む。
5 花3段目の色で割り糸（→p.34）を作り、p.63「配置」を参考にしながら、花を後ろ側にとめる。

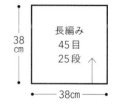

長編み
45目
25段

38cm
38cm

■後ろ側　1枚

「共通の後ろ側　四角（→p.37）」をかぎ針8/0号でくさり作り目、
7/0号で45目25段。縁編みは8/0号で1段編む。

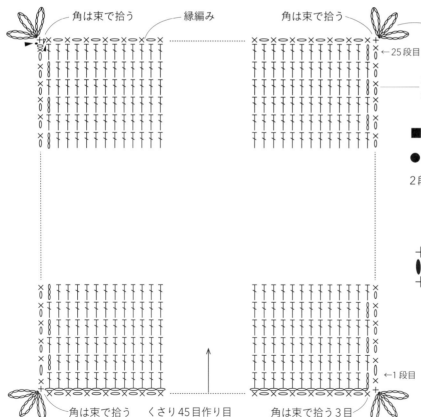

角は束で拾う　　縁編み　　　　　　　　角は束で拾う

←25段目

←1段目

角は束で拾う　　くさり45目作り目　　角は束で拾う3目

△ 糸をつける
▲ 糸を切る

縁編みを続け、角にきたらくさり10目のピコット編みを3回する

立ち上がりくさり3目めと、長編み頭に針を入れて拾う

■表側

●中央　1枚

2段目で花モチーフと編みつなぐ。

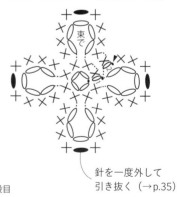

針を一度外して引き抜く（→p.35）

配色表

後ろ側・中央	
A	B
ライトグリーン（427）	アイスグリーン（607）

●花　8枚（4枚×2セット）（配色違いを2タイプ編む）

●2・3段目と4段目の配色を入れ替えたものを各4枚、合わせて8枚編む。3段目まで編んだら、4段目は下記の配置の番号通りに編みつないでいく。

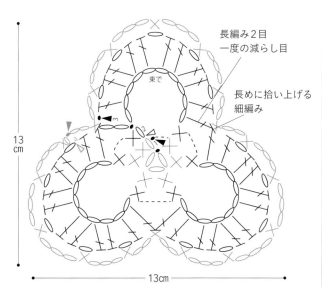

長編み2目
一度の減らし目

束で

長めに拾い上げる
細編み

13
cm

13cm

● 針を一度外して
　引き抜く（→p.35）

配色表

	段	A	B
1の花	1	レモン （432）	レモン （432）
	2・3	赤紫 （499）	イエローベージュ （406）
	4	紫 （437）	オレンジ （434）
2の花	1	レモン （432）	レモン （432）
	2・3	紫 （437）	オレンジ （434）
	4	赤紫 （499）	イエローベージュ （406）

●**配置**

花の4段目を編みながら、
番号順に花を編みつないで
いく。一度針から目を外し、
針を編みつなぐ花のくさり
編みのループの上から針を
入れる。目を針に戻し、引
き抜いて編みつなぐ。花8
枚がつながったら、中央を
真ん中に編みつなぐ。

●**まとめ方**

花の3段目の色で作った割
り糸（→p.34）で、花を後
ろ側にとめる。

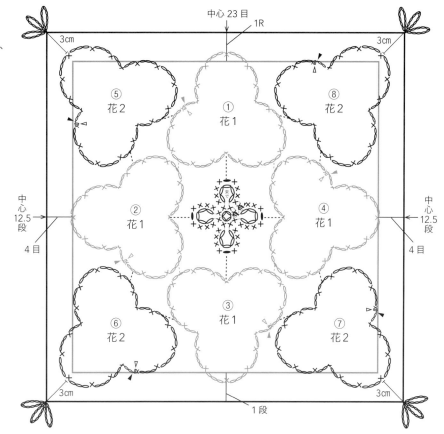

中心 23目
1R

3cm

3cm

⑤
花2

①
花1

⑧
花2

中心
12.5
段

②
花1

④
花1

中心
12.5
段

4目

4目

⑥
花2

③
花1

⑦
花2

3cm

3cm

1段

1段

キキョウ photo ▶ p.24

〈用意するもの〉

- 糸　ハマナカボニー（50g玉巻）
  　　A 白（401）…90g
  　　　紫（437）…50g
  　　　赤紫（499）…15g
  　　B 紫（437）…90g
  　　　白（401）…50g
  　　　赤紫（499）…15g
  　　　割り糸（→p.34）…適量
- 針　かぎ針7/0号、とじ針、まち針
- サイズ　直径37cm

〈編み方〉

※糸は1本どり。指定の色で編む。
1 中央の花を編む。編み終えたら、糸を切って糸始末をする。
2 1へ針入れをし、花びらを編む。
3 編み終えたら、各花びらの指定位置にステッチをする。
4 後ろ側を編む。最後に縁編みをする。
5 4の上に3の花びらをバランスよく置き、花びらの色で作った割り糸（→p.34）でとめる。

■後ろ側　1枚

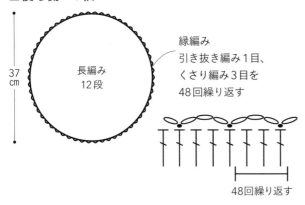

縁編み
引き抜き編み1目、
くさり編み3目を
48回繰り返す

37cm

長編み
12段

48回繰り返す

「共通の後ろ側　丸型（→p.36）」を12段編み、周りの144目に縁編みをする。

配色表

	A	B
本体	白（401）	紫（437）
縁編み	赤紫（499）	赤紫（499）

■表側

●中央の花　1枚

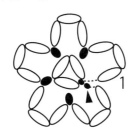

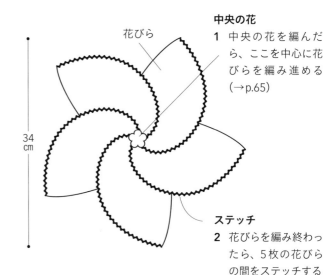

花びら

34cm

中央の花
1 中央の花を編んだら、ここを中心に花びらを編み進める（→p.65）

ステッチ
2 花びらを編み終わったら、5枚の花びらの間をステッチする

配色表

	A	B
中央の花	白（401）	紫（437）
花びら	紫（437）	白（401）
ステッチ部分	赤紫（499）	赤紫（499）

●中央の花から花びらの針入れをする方法

中央の花から、花びらを編み進める。

1 中央の花の後ろから針を入れる。

2 真ん中に針を入れる。

3 糸をかけて引き出す。

4 1と同じところから引き出す。筋がひとつできた。

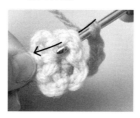

5 くさり編みを5目編んだら、となりに針を入れる。

6 1〜5を繰り返す。

●花びら　1枚

花びらは、1周5回の繰り返し。1周最後の5枚目の引き抜きで、6段目までは次の段へ螺旋状に進んでいく。次に進むことがわかるように、段のスタート目に印をつけて編み進める。7段目から11段目までは、各花びらを往復編みをする。1番目の花びらを11段目まで編み、そのまま糸を切らずに、2番目の花びら7段目に編み進む。

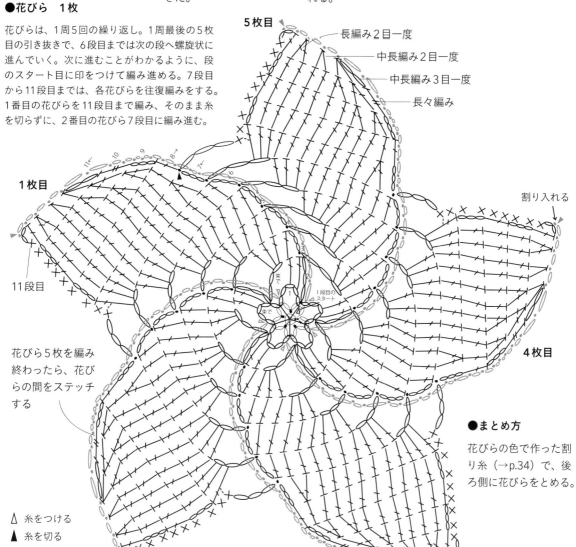

5枚目
長編み2目一度
中長編み2目一度
中長編み3目一度
長々編み

1枚目
11段目

割り入れる

花びら5枚を編み終わったら、花びらの間をステッチする

4枚目

●まとめ方

花びらの色で作った割り糸（→p.34）で、後ろ側に花びらをとめる。

△ 糸をつける
▲ 糸を切る

2枚目　　3枚目

オミナエシ　photo ▶ p.26

〈用意するもの〉

- 糸　ハマナカボニー (50g玉巻)
  - A・C ナチュラルダークブラウン (615)…250g
  - レモン (432)…20g
  - 黄緑 (476)…20g
  - B ナチュラルダークグレー (617)…240g
  - レモン (432)…20g
  - 黄緑 (476)…30g
- 針　かぎ針7/0号・8/0号、とじ針
- サイズ　39cm角

〈編み方〉

※糸は1本どり。指定の色で編む。

1　表側を作る。編み地を4枚編む。

2　1に刺しゅう (クロスステッチ) する。

3　それぞれの作品の向きに合わせて2を編みつなぐ。仕上げに後ろ側と編みつなぐための、目数調整の縁編みをする。

4　後ろ側を編む。仕上げに表側と編みつなぐための、目数調整の縁編みをする。

5　3と4を外裏に重ね、表側を手前にして2枚を編みとじる。

■後ろ側　1枚

「共通の後ろ側　四角 (→p.37)」をかぎ針8/0号でくさり作り目、7/0号で44目24段編み、糸を切る。もう一度糸をつけ、8/0号で縁編みを1段編む。

配色表

	A	B	C
編み地	ナチュラルダークブラウン (615)	ナチュラルダークグレー (617)	ナチュラルダークブラウン (615)
あみつなぎ・縁	ナチュラルダークブラウン (615)	ナチュラルダークグレー (617)	ナチュラルダークブラウン (615) 黄緑 (476)

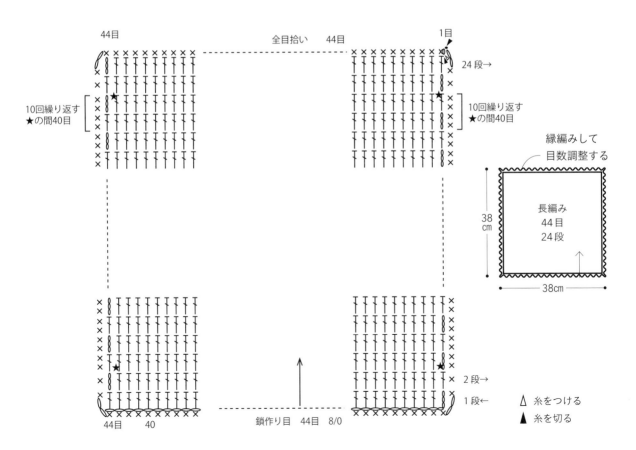

■表側 1枚（刺しゅうしたものを4枚つなぐ）

かぎ針8/0号で細編み19目23段を4枚編み、
刺しゅうをする。引き抜き編みで4枚編み
つないだら、縁編みを1段編む（→p.68）。

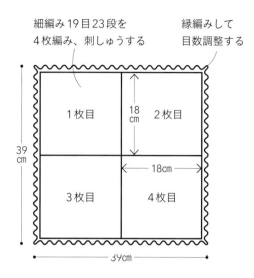

細編み19目23段を
4枚編み、刺しゅうする

縁編みして
目数調整する

1枚目　2枚目
3枚目　4枚目

18cm　18cm
39cm　39cm

配色表

	A	B	C
花	レモン（432）		
枝	黄緑（476）		
編み地・縁	ナチュラルダークブラウン（615）	ナチュラルダークグレー（617）	ナチュラルダークブラウン（615）

※Cのみ、縁は黄緑（476）

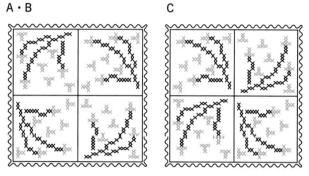

A・B　C

A・B・Cの刺しゅうモチーフは同じだが、配置の仕方を変えて、
模様を変更している。

●刺しゅうの仕方

編み地にクロスステッチで刺しゅうする。

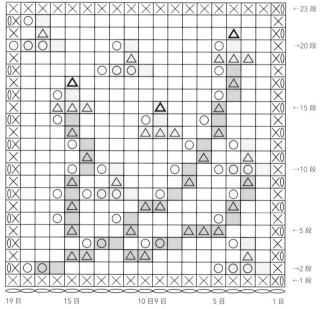

←23段
→20段
←15段
→10段
←5段
→2段
←1段

19目　15目　10目 9目　5目　1目

クロスステッチの刺し方例

下へ
斜め・横へ

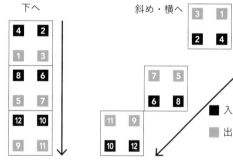

■ 入
▧ 出

・細編み地は、編み図ではまっすぐ上に乗って
いるが、実物は目と目とがずれて重なっている
ので注意する。

・クロスステッチをするときに、段数を数えなが
ら刺すと間違えやすいので、編み図に印をし、
そこを起点（太線の三角形）に見た目の図にそ
って刺しゅうする。

▧ 見た目の刺しゅう模様
△ 実際に刺している表目段の刺しゅう位置（奇数段）
（△は起点となる）
○ 実際に刺している裏目段の刺しゅう位置（偶数段）

●刺しゅうした4枚の編みつなぎ方

刺しゅうした編み地同士を、かぎ針8/0号で引き抜き編みをして編みつなぐ。後ろ側に編みとめるための目数調整をしながら（つなぐ目数より段のほうが多いため）、細編みを1段編む。

目数調整をしながらの、
引き抜きはぎ

細編み2目の増し目

目数調整をしながらの、
引き抜きはぎ

A・B

C

●後ろ側と表側を編みとじる

細編み2目の増し目

後ろ側の裏側

長編みの目を割って
拾う細編み

刺繍をした表地　表側

かぎ針8/0号で作り目をし、7/0号で角とそれぞれの編み地中央の目がずれないように編みとじる。長編みは、目に割り入れて編む。

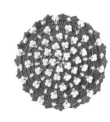

スノードロップ photo ▶ p.28

〈用意するもの〉

- ・糸　　ハマナカボニー(50g玉巻)
　　　　ライトグリーン(427)…90g
　　　　きなり(442)…50g
- ・針　　かぎ針7/0号、とじ針
- ・サイズ　直径36cm

〈編み方〉

※糸は1本どり。指定の色で編む。

1　地になる指定色で、くさり作り目からはじめる。地と立体に
　浮き上がる花を、指定色に変えながら編み図にそって編む。

2　色を変える指定位置では、糸を休める。

3　最後まで編んだら、糸を切って糸始末をする。

■表側　1枚　※後ろ側はなし

1、3、6、9、12 段 と、
縁15段は、束で拾う。

くさり3目の
ピコット編み

長編み
6目一度

くさりで編む
花ピコット編み

前々段に針を入
れて長く引き上
げる細編み

36cm

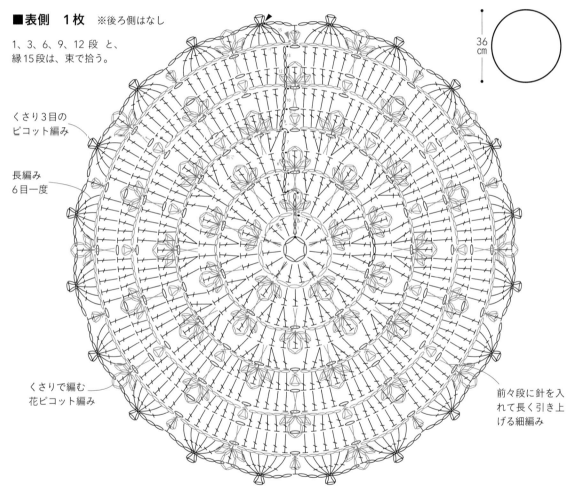

●ピコットの次の段
　Vの間の針入れ

3、6、9、12、15 段
の長編みの足がVの
間から見えている。

1 前段のピコットの真ん中
後ろから針を出す。その
まま長く引き上げた細編
み足、Vの間に針を入れ
る。前々段にも同時に針
が入る。

2 針に糸をかけ、糸を引き
出して長編みする。

▲ 糸を切る　△ 糸をつける

● 2・5・8・11段目
　引き抜いた後、糸玉を目に通し、
　次にその糸で編むまで休ませる
　(玉どめ)。

配色表

1、3、4、6、7、9、10、12、13、15	ライトグリーン(427)
2、5、8、11、14	きなり(442)

69

サザンカ photo ▶ p.29

〈用意するもの〉

・糸　ハマナカボニー (50g玉巻)
　　　中心部分　レモン (432)…1g
　　　花　赤 (404)…100g
　　　縁　白 (401)…35g
・針　かぎ針8/0号、とじ針
・サイズ　直径41㎝

〈編み方〉

※糸は1本どり。指定の色で編む。

1 中心部分を編んだら糸を切って、糸始末をする。

2 花を編む。**1**に指定色をつけ、編み図にそって花を編む。

3 **2**を最終段まで編んだら糸を切って、糸始末をする。

4 縁編みを、指定位置に編む。

■ **表側　1枚**

※後ろ側はなし

41㎝

△ 糸をつける

▲ 糸を切る

6段目と10段目のくさりは後ろへ隠れる。次の段でくさりを束に拾い、花が立体に重なるように編む。縁を編んだら糸を切って、次の縁編みに進む。

縁編みの編み方

15段目の縁編み	2 段目の花
16段目の縁編み	5 段目の花
17段目の縁編み	9 段目の花
18段目の縁編み	14段目の花

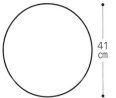

ウメ `photo ▶ p.30`

〈用意するもの〉

- 糸　ハマナカボニー（50g玉巻）
  - A ローズピンク（464）…180g
  - 　クリーム（478）…3g
  - B 濃ピンク（474）…180g
  - 　クリーム（478）…3g
  - C ローズピンク（464）…140g
  - 　クリーム（478）…6g
  - 割り糸（→p.34）…適量
- 針　かぎ針7/0号・8/0号、とじ針、まち針
- その他　綿…170g
- サイズ　直径36cm（A・B）

〈編み方〉

※糸は1本どり。指定の色で編む。

1. 花びらを編んだら、縁編みをして糸始末をする。5枚編む。
2. 中央を編み、糸始末をする。
3. 真ん中が五角形になるように1をバランスよく配置してまち針でとめ、花びらと同じ色の割り糸（→p.34）ですくいとじる（→p.72下）。
4. 3の真ん中に2をとめる（→p.72下）。
5. 編み図にそって後ろ側を編む（→p.71下）。
6. 5と4を外表に合わせ、花びらと同じ色の割り糸（→p.34）で巻きとじする。

※5以降はA・Bの編み方。Cについてはp.73参照。

A・B

■後ろ側　1枚

配色表

	A	R
	ローズピンク（464）	濃ピンク（474）

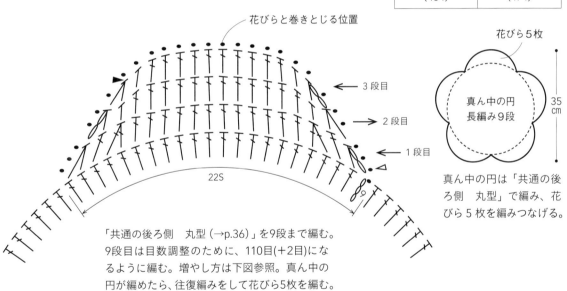

花びらと巻きとじる位置

3段目
2段目
1段目

22S

「共通の後ろ側　丸型（→p.36）」を9段まで編む。9段目は目数調整のために、110目(＋2目)になるように編む。増やし方は下図参照。真ん中の円が編めたら、往復編みをして花びら5枚を編む。

花びら5枚

真ん中の円
長編み9段

35
cm

真ん中の円は「共通の後ろ側　丸型」で編み、花びら5枚を編みつなげる。

●9段目の増やし方

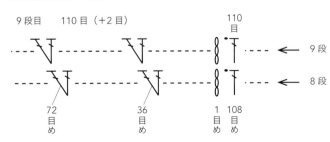

9段目　110目（＋2目）
110目

9段
8段

72目め　36目め　1目め　108目め

A・B

■**表側　花びら5枚**

「共通の後ろ側　丸型（→p.36）」を5段まで編み、縁編みはくさり編み5目と細編み1目編む。同じものを5枚編む。

中央モチーフをチェーンステッチでとめる

花びら5枚編んだらとじ合わせる

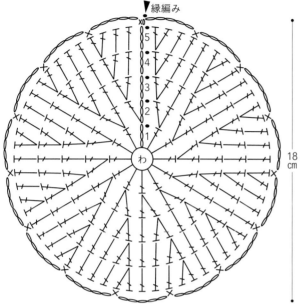

▼縁編み

5
4
3
2
1

わ

18cm

△ 糸をつける
▲ 糸を切る

配色表

	A	B
花びら	ローズピンク（464）	濃ピンク（474）
中央	クリーム（478）	

●**中央　1枚**

わ 1

●**花びらのまとめ方**

1　花びら5枚をとじ合わせる。
2　中央モチーフを編んだら長めに糸を残して切り、花びらにチェーンステッチで5か所とめる。ひとつとめたら、モチーフの裏に通して次をとめる。

チェーンステッチ

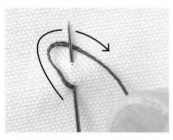

とじ針を1目入れたら、針先に糸をかけて輪を作り、針を引き抜く。

●**後ろ側と表側を編みとじる**

後ろ側と表側を外表に重ねる。花を手前に見ながら、長編みを半目ずつ拾い、花びらと同じ色の割り糸（→p.34）で1周巻きとじする。

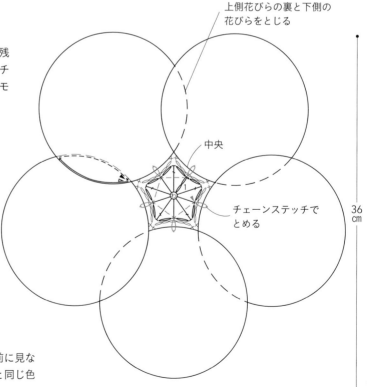

上側花びらの裏と下側の花びらをとじる

中央

チェーンステッチでとめる

36cm

C

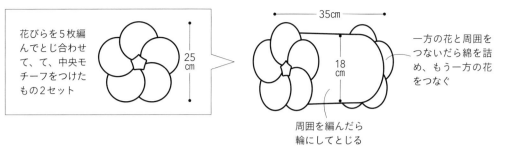

花びらを5枚編んでとじ合わせて、て、中央モチーフをつけたもの2セット

25cm

35cm

18cm

一方の花と周囲をつないだら綿を詰め、もう一方の花をつなぐ

周囲を編んだら輪にしてとじる

■両サイド　花びら5枚×2セット

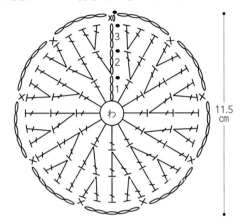

11.5cm

「共通の後ろ側　丸型（→p.36）」を3段まで編み、縁編みはくさり編み5目と細編み1目編む。同じものを10枚編む。p.72同様に5枚ずつまとめ、2セット作る。

■周囲　1枚

「共通の後ろ側　四角（→p.37）」をかぎ針8/0号でくさり作り目、7/0号で60目21段編み、糸を切る。もう一度糸をつけ、8/0号で縁編みを1段編む。

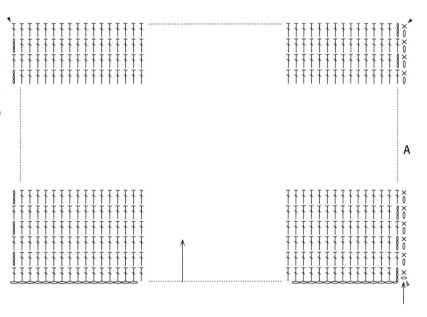

A

●作り方

1　周囲を2cm重なるように輪にし、縫いとじる。

2　一方の花を1にとじ針で縫いつけたら、綿を詰める。

3　もう一方の花も反対側に縫いつける。

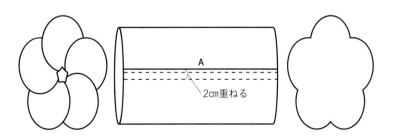

A

2cm重ねる

ハボタン photo ▶ p.32

〈用意するもの〉

- 糸　グラスグリーン（602）…40g
  　　きなり（442）…20g
  　　薄紫（496）…12g
  　　クリーム（478）…80g
- 針　かぎ針7/0号、とじ針、割糸（→p.34）
- サイズ　直径35㎝

〈編み方〉

※糸は1本どり。指定の色で編む。

1　花は、大・中・小の順番通りに6枚編んだら糸を切り、糸始末をする。

2　後ろ側①と⑥の2つは、4段目まで編んだらそれぞれ1を乗せて、くさりレースで編みつなぎ、糸始末する（→p.75 下）。

3　②〜⑤も2同様に指定順に編み、5枚を編みつないで輪にする。

4　2の⑥を、3の中心に置いて、五角形になるようにバランスよくとじつける。

■後ろ側　6枚

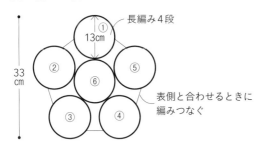

長編み4段
①
13cm
33cm
②　⑥　⑤
③　④
表側と合わせるときに編みつなぐ

「共通の後ろ側　丸型（→p.36）」を48目4段まで編む。つなぎ方は、p.75参照。

配色表

後ろ側	クリーム（478）
花・大	グラスグリーン（602）
花・中	きなり（442）
花・小	薄紫（496）
縁	クリーム（478）

■表側

大・中・小の順番にまとめたもの 6セット

大（1段目、2段目）、中（3段目）、小（4段目）を指定色に替えて編み進めて、花を作る。

●花・大
1段目・2段目

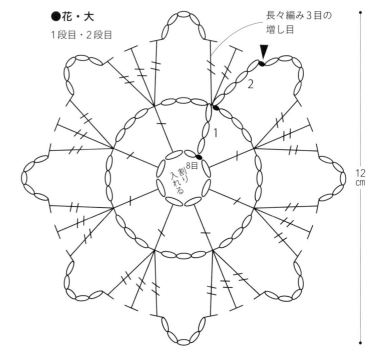

長々編み3目の増し目

8目割り入れる

12㎝

くさり作り目を輪にして、1段目はくさり（裏こぶと上側1本）に割り入れて編む。

●花・中
3段目

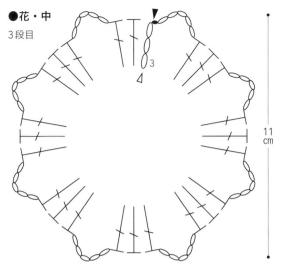

11cm

3段目は、花・大の1段目で編んだくさり3目に束で針を入れてくさり目を束で拾って編む。

●花・小
4段目

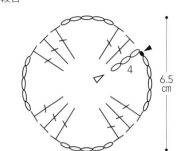

6.5cm

4段目は、花・大の中心の作り目くさりに針を入れ、束で拾って編む。

●大中小の編みつなぎ方

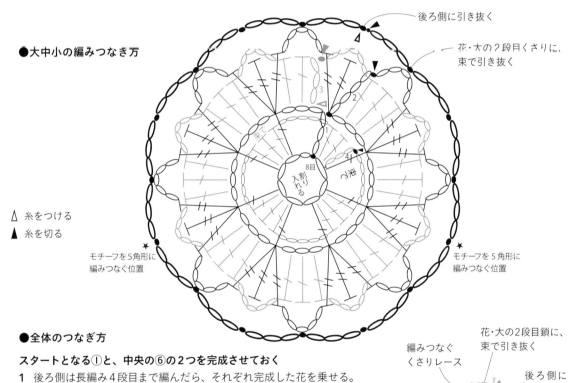

後ろ側に引き抜く

花・大の2段目くさりに、束で引き抜く

△ 糸をつける
▲ 糸を切る

モチーフを5角形に編みつなぐ位置

モチーフを5角形に編みつなぐ位置

●全体のつなぎ方

スタートとなる①と、中央の⑥の2つを完成させておく

1 後ろ側は長編み4段目まで編んだら、それぞれ完成した花を乗せる。

2 1の周りを長編み5目あけて、次の長編みに引き抜き、後ろ側にとめる。

3 2を8回繰り返して、後ろ側と花を編みとめる。

4 1〜3同様にもう1枚作り、糸始末する。これが①と⑥になる。

①〜⑤の数字の順に、5枚を編みつなぐ

5 ②も1〜3同様に編む。指定位置まで編んだら、①とモチーフ編みで編みつなぐ。

6 ③以降も1〜3同様に編んだら、配置番号に従ってモチーフ編みでつないで、5枚を輪にする。

中心をとじつける

7 6の中心に⑥を置いて、五角形になるようにバランスよくクリーム（478）の割糸でとじつける。

花・大の2段目鎖に、束で引き抜く

編みつなぐくさりレース

後ろ側に引き抜く

①
②　⑤
⑥
③　④

テクニックガイド

本書で使用するテクニックを紹介します。

作り目

01
くさり編み

1
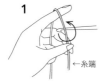
糸に針をかける。
←糸端

2

針に糸をかけ、引き出す。

3

糸端を引っぱる。くさり編みの作り目ができた。

4

針に糸をかけ、引き出す。くさり編みが1目できた。

5
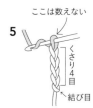
ここは数えない
くさり4目
結び目
4を繰り返す。

02
くさりで作る輪

1

ここは数えない
必要な数だけくさり編みをしたら、最初のくさりの裏こぶと上側1本に針を入れる。

2
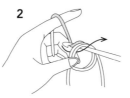
糸をかけ、引き抜く。

3

引き抜かれてつぶれる目なので、ここは数えない
輪につながった。

03
二重の輪

1

指に糸を2回巻きつけて二重の輪を作ったら、指から外す。

2

輪に針を入れたら糸をかけ、図のように引き出す。

3
針に糸をかけ、引き出す。立ち上がり1目ができた。

4
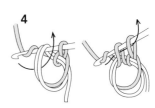
2、**3**を繰り返し、必要な数だけ編む。

5

b a
糸端を少し引っぱり、動く糸を先に締める。

6

a b
輪になるように糸端を引いて締める。

7
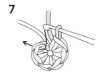
最初の目の頭に針を入れ、引き抜く。

基本

01
引き抜き編み

1
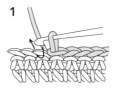
前段の目に針を入れる。

2
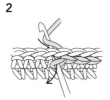
針に糸をかける。

3
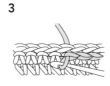
引き抜く。

02 細編み 	 **1** 作り目（または前段の目）に針を入れ、糸をかけて手前に引き出す。	 **2** さらに針に糸をかけ、2つのループを一度に引き出す。	**3** できあがり。	

03 中長編み 	 **1** 針に糸をかけ、作り目（または前段の目）に針を入れる。	 **2** 3つのループができた。さらに針に糸をかける。	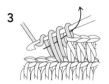 **3** 3つのループから、一度に引き出す。	 **4** できあがり。

04 長編み 	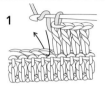 **1** 針に糸をかけ、作り目（または前段の目）に針を入れる。	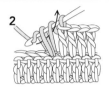 **2** 針に糸をかけ、2つのループから引き出す。※これを編みかけの長編みという。	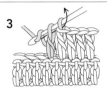 **3** さらに針に糸をかけ、残りの2つのループから一度に引き出す。	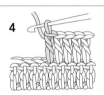 **4** できあがり。

05 長々編み 	 **1** 針に糸を2回巻いてかけ、作り目（または前段の目）に針を入れて引き出す。	 **2** 針に糸をかけ、2つのループから引き出す。	 **3** 2を繰り返す。	 **4** 2を繰り返す（全部で3回）。	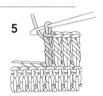 **5** できあがり。

06 三つ巻き 長編み 	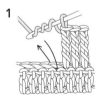 **1** 針に糸を3回巻いてかけ、作り目（または前段の目）に針を入れて引き出す。	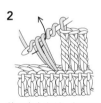 **2** 針に糸をかけ、2つのループから引き出す。	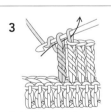 **3** さらに針に糸をかけ、2つのループから引き出す。同様に3回繰り返す（全部で4回）。	 **4** できあがり。

模様編み

01 長編み3目の 玉編み 	 **1** 針に糸をかけ、作り目（または前段の目）に針を入れて引き出す。編みかけの長編みが編めた。	 **2** 針に糸をかけ、同じ目に編みかけの長編みをあと2目編む。	 **3** さらに針に糸をかけ、4つのループから糸を引き出す。	 **4** できあがり。	 ※4目のときは4つにする。

02
長編み
表引き上げ編み

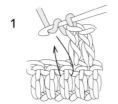

1 針に糸をかけ、前段の目の右手前から針を入れ、横に目をすくって引き出す。

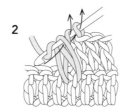

2 針に糸をかけて2つのループから引き出す。これをもう一回繰り返す。

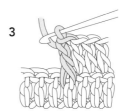

3 できあがり。

03
くさり3目の
ピコット編み

1 くさり3目を編む。細編みの頭半目と、足1本に針を入れる。

2 針に糸をかけ、一度に引き抜く。

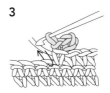

3 できあがり。次の目に細編みを編む。

04
長編み4目の
パプコーン編み

1 作り目（または前段の同じ目）に、長編みを4目編む。

2 針を一度外す。最初の目の頭に針を入れ、外した目に入れ直して引き出す。

3 針に糸をかけ、くさり編みをする。

4 できあがり。

増し目

01
長編み2目を
編み入れる

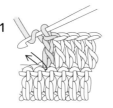

1 作り目（または前段の同じ目）に長編みを2目編む。

2 1目増える。

02
長編み3目を
編み入れる

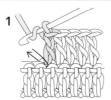

1 作り目（または前段の同じ目）に長編みを3目編む。

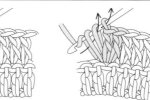

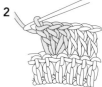

2 2目増える。

03
細編み2目を
編み入れる

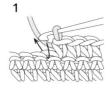

1 作り目（または前段の同じ目）に細編みを2目編む。

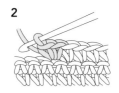

2 1目増える。

04 細編み3目を 編み入れる 	1 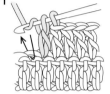	2 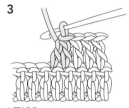

作り目（または前段の同じ目）に細編みを3目編む。

2目増える。

減らし目

01 長編み2目一度 	1 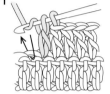	2 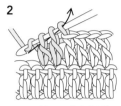	3 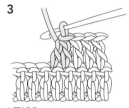

作り目（または前段の目）に編みかけの長編みを1目編む。

となり（または指定位置）の目に、編みかけの長編みを1目編む。針に糸をかけ、3つのループを一度に引き抜く。

1目減る。

02 長編み 3目一度 	1 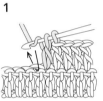	2 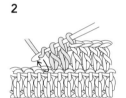	3 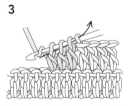	4 

作り目（または前段の目）に編みかけの長編みを1目編む。

となり（または指定位置）の目に、編みかけの長編みを1目編む。

さらにとなり（または指定位置）の目に、編みかけの長編みを1目編む。針に糸をかけ、4つのループを一度に引き抜く。

2目減る。

03 細編み 2目一度 	1 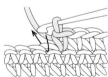	2 	3 	4 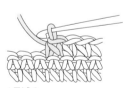

作り目（または前段の目）に、針を入れ糸を引き出す。

となり（または指定位置）の目にも、針を入れ糸を引き出す。

針に糸をかけ、3つのループを一度に引き抜く。

1目減る。

04 細編み 3目一度 	1 	2 	3 	4 	5

作り目（または前段の目）に針を入れ、糸を引き出す。

となり（または指定位置）の目にも針を入れ、糸を引き出す。

さらにとなり（または指定位置）の目にも針を入れ、糸を引き出す。

針に糸をかけ、4つのループを一度に引き抜く。

2目減る。

[著者紹介]

Lana tre（ラナトレ）
竹内聡子（たけうち　さとこ）

東京生まれ。
杉野女子大学（現　杉野服飾大学）家政学部被服学科卒業。テキスタイルデザイン・企画としてアパレル会社に勤務後、主婦と生活編み物研究会　師範科を卒業し、デザイナー＆講師として独立。編み物レッスンでは「素材　仕立て　シルエット」この三つを大切に、オリジナルデザインを通してその人らしいものづくりの楽しさを伝えている。

WEB
https://knit-lanatre.jimdofree.com

糸提供
ハマナカ株式会社
京都本社
〒 616-8585 京都市右京区花園薮ノ下町 2 番地の 3
☎ 075-463-5151 （代表）
http://www.hamanaka.co.ip

staff

編集制作	後藤加奈（ロビタ社）
撮影	横田裕美子（スタジオバンバン）
スタイリング	深川あさり
デザイン	鷹觜麻衣子
編み図トレース	川口律
ざぶとんの製作協力	遠藤由江
	西出弥生
校正	株式会社ぷれす
	安河内奈美子

かぎ針で編む　季節の花のかわいいざぶとん

2023 年 11 月 3 日　第 1 版第 1 刷発行

著　者　竹内聡子
発行者　村上雅基
発行所　株式会社 PHP 研究所
　　　　京都本部 〒 601-8411　京都市南区西九条北ノ内町 11
　　　　〔内容のお問い合わせは〕暮らしデザイン出版部 ☎ 075-681-8732
　　　　〔購入のお問い合わせは〕普及グループ ☎ 075-681-8818
印刷所　図書印刷株式会社